Hannah Duston

Una guía fascinante sobre la primera mujer americana en tener una estatua construida en su honor

© Copyright 2020

Todos los derechos reservados. Ninguna parte de este libro puede ser reproducida de ninguna forma sin el permiso escrito del autor. Los reseñantes pueden citar pasajes breves en los comentarios.

Cláusula de exención de responsabilidad: Ninguna parte de esta publicación puede reproducirse o transmitirse de ninguna forma ni por ningún medio, mecánico o electrónico, incluidas fotocopias o grabaciones, ni por ningún sistema de almacenamiento y recuperación de información, ni transmitirse por correo electrónico sin la autorización escrita del editor.

Si bien se han realizado todos los intentos para verificar la información provista en esta publicación, ni el autor ni el editor asumen ninguna responsabilidad por los errores, omisiones o interpretaciones contrarias del contenido aquí presente.

Este libro es solo para fines de entretenimiento. Las opiniones expresadas son solo del autor y no deben tomarse como instrucciones u órdenes de expertos. El lector es responsable de sus propias acciones.

El cumplimiento de todas las leyes y normativas aplicables, incluidas las leyes internacionales, federales, estatales y locales que rigen las licencias profesionales, las prácticas comerciales, la publicidad y todos los demás aspectos de realizar negocios en los EE. UU., Canadá, el Reino Unido o cualquier otra jurisdicción es de exclusiva responsabilidad del comprador o lector

Ni el autor ni el editor asumen ninguna responsabilidad u obligación alguna en nombre del comprador o lector de estos materiales. Cualquier desaire percibido de cualquier individuo u organización es puramente involuntario.

Índice de contenido

INTRODUCCIÓN 1
CAPÍTULO 1 - INGLESES, FRANCESES Y NATIVOS AMERICANOS: FRENÉMICOS POR DÉCADAS 3
CAPÍTULO 2 - LOS COMIENZOS DE LA VIDA DE HANNAH 10
CAPÍTULO 3 - EL FATÍDICO ASALTO A HAVERHILL............................14
CAPÍTULO 4 - LA HORA CERO DE HANNAH..18
CAPÍTULO 5 - LA MASACRE DEL RÍO MERRIMACK 22
CAPÍTULO 6 - LA REFLEXIÓN FINAL DE HANNAH...............................26
CAPÍTULO 7 - MEMORIAS DE HANNAH DUSTON..................................30
CAPÍTULO 8 - EL LADO OSCURO DE HANNAH 34
CAPÍTULO 9 - CANDOR POLÉMICO 38
CONCLUSIÓN..42
CITAS..45

Introducción

En una época muy diferente a la nuestra, vivía una mujer que llevaba una vida extraordinaria. El evento más importante de su existencia ha resistido la prueba del tiempo. Su carácter, sus acciones, y sus más profundos pensamientos y deseos aún se debaten hasta el día de hoy. Ella se ha convertido en un símbolo de una época que mucha gente hoy en día no entiende o comprende.

Hannah Duston vivió en un período en el que las mujeres estaban destinadas a ser delicadas, débiles y más compasivas, pero desafió este estereotipo. Se la podía considerar como la auténtica mamá oso que defendía a sus cachorros y evitaba a todos los que les hicieran daño. O podría ser vista como el lobo entre los corderos que espera el momento perfecto para atacar. Sus logros en la vida fueron grandes, y su coraje más fuerte que la mayoría de la gente. Sin embargo, su visión moral de la vida era cuestionable. Era más que una mujer; era una luchadora con un agudo sentido de la supervivencia. Mataba para vengar a quienes amaba y nunca se disculpaba por sus acciones, aunque estuvieran equivocadas.

Algunos la llaman demonio, mientras que otros la llaman ángel. Con el paso del tiempo, una mejor imagen de los eventos que se desarrollaron hace todos esos años ha salido a la superficie. Con la capacidad de acceder a más y más información, la historia de Hannah puede ser reconstruida como un rompecabezas. Sin embargo, la historia ya no suena tan perfecta como antes. Cada una de sus acciones es ahora escudriñada desde un nuevo ángulo. Cada evento que la llevó a su momento cumbre y las consecuencias de esas acciones son ahora contadas a través de una lente que puede ser vista claramente a través del día de hoy, y la gente ahora tiene la capacidad de conocer la verdadera historia de Hannah Duston.

Capítulo 1 - Ingleses, franceses y nativos americanos: Frenémicos por décadas

"Nuestras guerras indias no han terminado todavía". - Cotton Mather

La vida de un colono en el 1600 fue dura, corta y con mucho trabajo físico. Había una lucha constante por mantener lo que uno tenía, y ni hablar de esperar tener algo mejor en el futuro. Había un trabajo monótono que había que hacer día tras día para mantener una vida que a menudo estaba en la defensa de muchos enemigos diferentes. Estos enemigos incluían cosas como las fuertes nevadas del invierno, las condiciones de los cultivos y los nativos americanos. Para Haverhill, Massachusetts, ciertos nativos americanos como los Abenaki eran considerados enemigos e invasores. No eran amigos de los ingleses, pero mantenían estrechos lazos con los franceses.

Cuando los colonos comenzaron a fluir hacia América del Norte, estaban mal preparados para sobrevivir en las condiciones que el entorno les proporcionaba. Lucharon, pero finalmente prevalecieron gracias a la ayuda de ciertas tribus nativas americanas. El territorio de Nueva Inglaterra, que incluía gran parte de Connecticut, New Hampshire, Rhode Island y la región de la bahía de Massachusetts, fue colonizado en su mayor parte por familias puritanas. Los puritanos obtuvieron su nombre de su idea de querer "purificar" la Iglesia de Inglaterra. Creían que las fuertes influencias católicas que la Iglesia de Inglaterra incorporaba a su religión no eran escriturales y en su lugar rayaban en la blasfemia. Su estructura de gobierno era la de una construcción muy religiosa. Solo los puritanos masculinos podían ser elegidos porque solo los hombres que habían pasado un examen de sus puntos de vista religiosos y fueron admitidos en la iglesia podían ser elegidos. Esto significaba que la gente de otras denominaciones, como bautistas, católicos, cuáqueros o anglicanos, no tenían la oportunidad.

Antes de que los europeos entraran en escena, la tierra estaba habitada por diferentes tribus algonquinas. El algonquino era un idioma común que hablaban muchas tribus nativas americanas diferentes, incluyendo los Abenaki, Wampanoag y Penacook. Sin embargo, esas eran solo algunas de las muchas tribus que lo hablaban. Los Abenaki, la tribu que ocupa el centro de la historia de Hannah, eran parte de la Confederación Wabanaki. Esta alianza consistía en cinco tribus en total, y las otras tribus de la alianza eran los Micmac, Penobscot, Passamaquoddy y Maliseet. El término Wabanaki se traduce como "Gente del Amanecer" o "Gente de la Primera Luz". Se formaron para protegerse originalmente de los iroqueses, sus enemigos de larga data.

Aunque la relación entre los colonos y las tribus nativas americanas comenzó bastante bien, no duró mucho. Las diferencias culturales dieron lugar a tensiones culturales, y la guerra Pequot estalló en 1636. Hubo muchas razones para que esto sucediera, y gran parte de ello tuvo que ver con la creencia de los colonos de que tenían derecho a la tierra; tampoco ayudó que se sintieran superiores a los nativos americanos, a pesar de que estos habían vivido en esa tierra durante siglos y les habían ayudado a colonizarla. Los colonos de Massachusetts se aliaron con las tribus Narragansett y Mohegan contra los Pequot. Los Pequot trataban de empujar su reclamo de tierras más al sur de New Hampshire, pero los colonos no iban a permitir esto.

En un importante punto de inflexión de la guerra, los colonos atacaron a los Pequot a lo largo del río Mystic y mataron a unos 400 o 700 de ellos. Esto marcó el comienzo de un futuro sangriento tanto para los colonos como para los nativos americanos.

Mather estaba en lo cierto cuando afirmó que habría más por venir de los nativos americanos a finales del 1600. Las tensiones entre los colonos y los nativos americanos seguían aumentando, y nadie estaba realmente a salvo. La guerra del Rey Guillermo duró de 1689 a 1697, y se inició tras la guerra del Rey Felipe, una guerra que había aterrorizado a la gente de 1675 a 1678. Las heridas habrían estado frescas en las mentes de los colonos y los nativos americanos que se vieron envueltos en estos conflictos. No hubo suficiente tiempo entre estas guerras para que las heridas sanaran y para que el perdón tuviera lugar. Ambas partes eran demasiado orgullosas y se pusieron en camino para formar una paz duradera que no se produjera por el derramamiento de sangre.

Antes de que comenzara la guerra del Rey Felipe, los ingleses, temiendo que se produjera un levantamiento entre Alejandro, el jefe de la tribu Wampanoag, y los Narragansetts, decidieron capturar a Alejandro para intentar evitar que se produjeran tales acontecimientos. Sin embargo, esto no fue bien recibido por las tribus, así que los ingleses lo dejaron ir. Sin embargo, Alejandro murió poco después debido a una fiebre cuando estaba casi a mitad de camino a casa. Felipe, su hermano menor (cuyo nombre en wampanoag era Metacomet), le sucedió después de él. Reunió a todas las tribus de Nueva Inglaterra bajo su mando y se preparó para la guerra. Renovó el tratado de paz entre la tribu Wampanoag y los ingleses en 1662, pero en abril de 1671, el gobierno de Plymouth dijo que estaba armando y entrenando a los guerreros para usarlos contra ellos, por lo que se tuvo que celebrar una conferencia. No se retractó de las acusaciones y admitió que eso era lo que estaba haciendo, pero también expresó su ira por la intrusión en sus terrenos de cultivo. Así que se firmó un nuevo tratado. Felipe también logró convencer al gobierno de Massachusetts de su deseo de paz, pero no mucho después de esto, otra conferencia tuvo que ser celebrada. Una vez más, Felipe logró ganarse su confianza a través de sus promesas de paz. Siguieron tres años de relativa paz y tranquilidad.

En 1675, sin embargo, todo cambió. Wussausmon, también conocido como John Sassamon, un espía nativo americano para los ingleses, sería la primera víctima que lanzaría la guerra. Los nativos americanos empezaron entonces a matar ganado y a disparar a las casas de los ingleses. Cada bando hizo sus propios avances y trató de matar a tantos del otro lado como pudo. Incluso algunos aliados nativos americanos de los ingleses se volvieron contra ellos y atacaron y quemaron sus pueblos.

No empezó bien para los ingleses, pero al final, salieron triunfantes. Sin embargo, la victoria llegó con un gran número de muertos y una gran destrucción en sus tierras. Hubo unos 600 colonos muertos, 13 ciudades destruidas y 11 parcialmente dañadas. Las vidas y los medios de vida quedaron completamente destrozados, y muchos tuvieron que empezar de nuevo. Esto devastó a ambos bandos y preparó el terreno para otra guerra sangrienta en un futuro próximo. El desastre estaba a punto de empeorar.

La guerra del Rey Guillermo se libró en base a dos factores. Uno fue el conde de Frontenac, el Gobernador General de la Nueva Francia, que era la zona de América del Norte que Francia colonizó. Comenzó una campaña que se suponía que iba a conquistar toda América del Norte. Quería que la tierra francesa estuviera libre de los ataques iroqueses. Esto significaba que los franceses y sus tribus aliadas nativas americanas reunían su fuerza contra los ingleses y sus tribus aliadas nativas americanas. El segundo factor se debió a que los franceses estaban enojados porque los ingleses entraban en el comercio de pieles, habiendo establecido recientemente la Compañía de la Bahía de Hudson (Hudson Bay Trading Company). Así que los franceses incitaron a los Abenaki a atacar y asaltar los asentamientos y el puesto inglés de Pemaquid, situado en Maine.

Se produjeron muchas incursiones, y las bajas comenzaron a acumularse. El 20 de septiembre de 1689, 200 nativos americanos de

Norridgewock, Penobscot y Canadá atacaron los asentamientos de Back-Cove, el área actualmente conocida como Portland, Maine, pero fueron derrotados por el comandante Benjamin Church. Esto se convirtió en el pináculo de la guerra, aunque aún no había terminado.

Un evento memorable en esta guerra fue cuando los miembros de las tribus Penacook y Saco fueron dejados entrar en las casas de la guarnición de Cochecho en lo que se conoce como la actual Dover, New Hampshire, por mujeres nativas americanas a las que se les había permitido entrar antes ese día. Las mujeres afirmaban que buscaban refugio para pasar la noche, pero en cambio, abrieron las puertas en las primeras horas de la mañana a los hombres nativos americanos que esperaban afuera. Mataron a 23 hombres, incluyendo al comandante Waldron, se llevaron a 29 de los hombres cautivos, y luego quemaron 4 o 5 casas. Estos cautivos fueron vendidos a los franceses en Canadá.

En uno de los eventos más horribles, los aliados franceses y nativos americanos asaltaron Salmon Falls, New Hampshire, en 1690. Treinta murieron, cincuenta fueron tomados como cautivos, y la mayor parte del pueblo fue quemado hasta los cimientos. Cuando un cautivo llamado Robert Rogers trató de huir, fue, en un acto de pura crueldad, primero despojado de sus ropas, brutalmente golpeado, y luego atado a un árbol que posteriormente fue incendiado. Mientras se quemaba, los nativos americanos le cortaban trozos de carne y bailaban alrededor del árbol, burlándose de él cantando y tirándole la carne a la cara. Este fue un cuento espantoso que habría llegado a muchos oídos y difundido aún más el miedo entre la gente.

El 8 de febrero de 1690, los habitantes de Schenectady, situada en la actual Nueva York, fueron despertados por los fuertes gritos de guerra de los nativos americanos. Pronto se produjo una sangrienta masacre, protagonizada por los franceses y la tribu Mohawk. El resultado fue un total de 67 muertes; sin embargo, otras 25 personas perdieron sus extremidades por congelación al tratar de llegar a salvo a Albany, y unas 40 personas más fueron capturadas. Una vez más, otro pueblo fue destruido, las familias fueron destrozadas y se perdieron vidas en un brutal y sangriento ataque.

En mayo de 1690, tuvo lugar la batalla de Fort Loyal en Falmouth. Esta era un área que estaba rodeada por poderosas tribus Abenaki tanto al oeste como al norte de la ciudad. La gente de aquí no era ajena a la muerte y la destrucción. La Confederación Wabanaki y las tropas francesas lideradas por el Barón de St. Castin y Joseph-François Hertel de la Fresnière intentaron asediar el Fuerte Leal. Después de un par de días, tuvieron éxito. Los ingleses fueron entonces tomados como cautivos o asesinados, y el área tuvo que ser abandonada temporalmente.

Otras incursiones y batallas tuvieron lugar hasta que se formó una tregua en Sagadahoc que duraría hasta el 1 de mayo de 1692. Sin embargo, esto se mantuvo en efecto por mucho tiempo. Se suponía que los nativos americanos debían ir a la guarnición de Wells y devolver algunos prisioneros y firmar un acuerdo de paz, pero en su lugar, se presentaron el 9 de junio con unos 200 guerreros e intentaron saquear el lugar. Fueron derrotados y obligados a retroceder, pero después hubo más incursiones y escaramuzas.

El 23 de octubre en la parroquia de Byfield en Rowley, Massachusetts, un hombre llamado Sr. Goodridge, su esposa y dos de sus hijas fueron asesinados mientras rezaban durante un sábado (Sabbat). Más muerte. Más destrucción. Menos esperanza de paz. Esto continuó una y otra vez, hasta la incursión en Haverhill y la captura de Hannah, que tuvo lugar durante el último año de la guerra del Rey William en 1697.

Después de que se produjeron más incursiones y ataques entre los grupos, los victoriosos franceses y los exhaustos ingleses establecieron los términos de la paz en 1697, y los nativos americanos finalmente acordaron el tratado de Ryswick en 1699. La tierra ganada en Norteamérica fue devuelta a los dueños originales. Sin embargo, esto no significó que todo cambiara de una vez para mejor. La vida seguía siendo dura y llena de dificultades. Como consecuencia de ello, la tensión seguía siendo muy frecuente entre los tres grupos, y una nueva guerra, la guerra de la Reina Ana, pronto estallaría en los próximos cinco años.

La guerra del Rey Guillermo fue la guerra en la que se encontraron Hannah Duston y sus compañeros colonos cuando tuvieron su encuentro con la tribu Abenaki. La incursión debe haber comenzado como cualquier otra. Estaba bien planeado con tácticas que habían funcionado muchas veces para los Abenaki. Sin embargo, se cometieron errores, y la captura y la crueldad hacia Hannah Duston pronto sería lamentada por todos los nativos americanos involucrados.

Capítulo 2 - Los comienzos de la vida de Hannah

Sin embargo, la historia de Hannah no empieza ahí. Hannah Duston nació el 23 de diciembre de 1657, en Haverhill, Massachusetts, de Michael Emerson y Hannah Webster Emerson. Hannah era la mayor de quince hijos, pero solo nueve sobrevivieron más allá de su infancia. Su padre tenía muchos trabajos diferentes para mantener a su numerosa familia, que incluían ser un agente de policía, un gran jurado, un zapatero, un sellador de cuero y un recaudador de impuestos.

Desde el principio, su vida y la de su familia se vio ensombrecida por el pecado y la desgracia. Su hermana, Elizabeth Emerson, la sexta hija de la familia Emerson, fue ahorcada por el infanticidio de sus gemelos el 8 de junio de 1693. Este fue un largo y prolongado proceso que empujó a la familia a una situación de vergüenza. No solo este enfoque en ellos no fue deseado, sino que perder una hermana por el crimen de infanticidio debe haber sido muy impactante para Hannah. Después de todo, ella se había propuesto vengarse en nombre de las criaturas asesinadas unos años más tarde.

Esta diferencia de valores podría haber tenido algo que ver con la paliza que Elizabeth soportó de joven por las manos de su padre. Los castigos corporales se consideraban aceptables y se practicaban ampliamente en esa época, pero la paliza debió ser especialmente severa porque Michael Emerson fue llevado ante un tribunal en mayo de 1676 por su excesivo abuso de Elizabeth. Esto podría haber sido un patrón, pero no está claro hoy en día si las palizas se repitieron o no. Sin embargo, ya era bastante negativo que la casa de Emerson fuera considerada una "casa malvada" por el Sr. Robert Swan. Se pensaba que su hijo, Timothy Swan, era el padre de la primera criatura de Elizebth, Dorothy, pero su padre afirmó que "le había ordenado que no entrara en esa casa malvada y su hijo había obedecido y además su hijo no podía soportar a la mujerzuela". Lo que debe haber pasado tras las puertas cerradas de la casa de los Emerson para que se le prohíba la entrada a alguien, hace que la mente imagine muchas situaciones horribles.

No es de extrañar que las mujeres fueran tratadas de forma muy diferente a los hombres. Las mujeres, después de todo, eran consideradas como "constituciones más débiles" durante la época de la dominancia puritana en Nueva Inglaterra. Los informes del censo han demostrado que muchos de los nombres dados a las mujeres eran Paciencia, Prudencia, Consuelo y Esperanza. Esos tipos de nombres indican el tipo de comportamiento que se idealizaba para las mujeres y lo que se esperaba de ellas. En los servicios de la iglesia, los ministros a menudo predicaban que había dos partes en el alma humana. Estas dos partes se consideraban la mitad masculina inmortal y la mitad femenina mortal. Esto arroja luz sobre la idea de que las mujeres debían ser el sexo débil que tenía que seguir la guía de los hombres porque no eran capaces de hacerlo por sí mismas. En la mente de los hombres puritanos, estaban completamente contaminadas por el pecado original de Eva. Incluso muchos pensaban que las mujeres tenían un hambre y una avidez de poder y gratificación sexual muy arraigadas. Esta idea hizo que muchas mujeres inocentes pasaran por juicios de brujas que pudieron acabar con sus vidas, y la familia de Hannah no fue una excepción a esta tragedia.

Cabe señalar, sin embargo, que en la sociedad puritana se permitía a las mujeres aprender a leer. Era importante que todos en la comunidad fueran capaces de entender y leer correctamente la Biblia. También se les daba la parte de ama de casa que les daba importantes funciones económicas en el hogar. Esto difería de otros grupos religiosos como los cuáqueros, que no arrojaban mucha luz sobre los asuntos de negocios de las mujeres, sino que las mantenían en la oscuridad en tales asuntos.

Alrededor de la época en que su hermana fue juzgada por infanticidio, su prima, Martha Toothaker Emerson, y su tío, Roger Toothaker, fueron juzgados en los juicios de brujas de Salem porque, como muchos otros, fueron acusados de participar en la brujería. Esto también fue una ofensa muy seria. Hoy en día mucha gente sabe de los juicios de brujas de Salem y de lo que pasó, pero no todos saben o entienden la gravedad de tal acusación y lo que podría significar para la persona acusada, ya que era totalmente posible que pudieran ser asesinados, aunque con mayor frecuencia eran condenados al ostracismo en la comunidad.

Antes de que ocurriera cualquiera de esos eventos, Hannah, a la edad de 20 años, se casó con Thomas Duston Jr., que era un granjero y un fabricante de ladrillos. Su apellido también se deletrearía como "Dustin", "Dustan", "Dunstan" y "Durstan". Se quedaron en Haverhill, Massachusetts, y comenzaron su vida juntos. Tendrían trece hijos, aunque no todos sobrevivirían más allá de su juventud. Martha Duston es, con mucho, la más conocida de sus hijos, ya que sería la asesinada por los Abenaki durante su ataque a Haverhill.

Si bien era muy común que las mujeres de este período tuvieran muchos hijos debido al desafortunado hecho de que no todas sobrevivían más allá de su infancia o niñez, el hecho de poder soportar el nacimiento y la crianza de tantos hijos demuestra que Hannah era una mujer fuerte que era capaz de cuidar de los suyos en el duro e implacable mundo en el que vivían. Sin mencionar que Martha fue su primer alumbramiento (después de tener ya once hijos) que causó cualquier tipo de complicaciones posteriores. Estuvo postrada en cama durante casi una semana antes de que ocurriera la incursión. Su amabilidad, sin embargo, no se extendió más allá de su propia familia, como se ve en sus acciones para matar a seis niños nativos americanos.

La profundidad de su amor hacia sus hijos debe haber sido muy grande. Su vida estaba dedicada a su familia, y esto es probablemente lo que ayudó a avivar las llamas que la llevaron a cometer su venganza. Como mujer de su época, era su deber cuidar de sus hijos y de su hogar. A los ojos de los puritanos, esta posición fue dada a todas las mujeres por Dios, y era un deber ser tomada muy en serio.

La muerte de un niño durante su infancia era común, por lo que Hannah vengando a su querida Martha debió significar que vio a sus hijos como importantes desde la primera vez que los vio. No eran extraños sin nombre para ella, eran sus hijos a los que amaba con todo su corazón y alma.

Capítulo 3 - El fatídico asalto a Haverhill

La guerra del Rey Guillermo estaba finalmente llegando a su fin, pero tenía un último gran evento aun esperando en el horizonte. Un grupo de unos treinta Abenaki pronto comenzaría un ataque a Haverhill. Actuarían tan rápida y brevemente como les fuera posible para infligir todo el daño que pudieran en el poco tiempo que tenían.

El día 15 de marzo de 1697, se encontraba Hannah en la cama. Necesitaba descansar después de haber dado a luz a Martha seis días antes. Mary Neff, su niñera, se sentó con ella. En un día que pensaban que sería como cualquier otro, se podía imaginar que Hannah y Mary hablaban de la nueva bebé Martha, quizás comentando cómo estaba su salud, cuánto había cambiado en solo una semana, o incluso cuánto tiempo pasaría antes de que Hannah volviera a estar de pie y a realizar sus tareas diarias. Probablemente fue un momento muy feliz para ambos, pero todo cambió abruptamente cuando Thomas Duston entró por la puerta. Su mirada, y posiblemente incluso los gritos que venían de fuera, cambiaron rápidamente el comportamiento de la habitación.

Fue Thomas, su marido, uno de los primeros en ver venir a los Abenaki. Rápidamente recorrió su tierra a caballo, recogiendo a sus hijos y enviándolos a refugiarse en una guarnición cercana antes de advertir a su esposa del avance del ataque. Desafortunadamente, ella no pudo unirse a él. Tenía ahora cuarenta años y acababa de pasar por un parto complicado; solo retrasaría a su familia en su precipitada retirada a la guarnición. ¿Quién sabe la cantidad de angustia que debe haber causado a los dos, uno postrado en la cama con un bebé que cuidar y el otro encargado de la obligación de cuidar al resto de sus asustados hijos? Así que Thomas la dejó allí y se fue tan rápido como pudo para llevar a salvo a sus otros hijos a la guarnición. Hannah, Mary Neff y Martha estaban ahora solas.

No pasó mucho tiempo antes de que los Abenaki obligaran a Hannah a levantarse de la cama para vestirse rápidamente y salir. En el caos, dejó un zapato que no pudo agarrar antes de ser llevada afuera a su nuevo cautiverio. Mary hizo lo posible por escapar con Martha, pero fue atrapada antes de que pudiera poner una distancia considerable entre ella y los atacantes. Como no fue lo suficientemente rápida, también se vieron obligadas a unirse al creciente grupo de cautivos. Al ver a Mary cargando a su hija recién nacida, Hannah debió sentir una cierta desolación al darse cuenta de que su bebé estaba ahora en manos de gente que probablemente consideraba tanto incivilizada como extremadamente salvaje. No hay duda de que no conocía las historias de los cautivos del pasado que habían vivido para contar sus historias. Este no era un viaje al que un bebé pudiera sobrevivir.

Una vez que Hannah salió de la casa, le prendieron fuego, asegurándose de que se quemara hasta el suelo. Los Abenaki estaban allí para difundir el miedo y un mensaje muy importante que querían que se escuchara alto y claro. Prender fuego también ayudó a evitar que los milicianos pudieran perseguirlos después de que se fueran, ya que los incendios debían ser atendidos primero para evitar que se extendieran, así como para tener la oportunidad de intentar salvar lo que fuera posible. Perder a la familia fue duro, pero perder a la familia y tener que empezar de nuevo sin nada fue aún peor.

En este punto, si Thomas estaba en el área cercana y podía ver su casa, todo lo que podía vislumbrar era que se quemaba hasta el suelo. Esta imagen habría sido desgarradora, y probablemente le dejaría con la comprensión de que nunca más vería a su esposa e hija. Ellas, en su mente, estaban muertas.

Cotton Mather relató las espantosas escenas del ataque a Haverhill en su obra escrita *Magnalia Christi Americana*. Mencionó muchos detalles importantes y se centró no solo en lo que le pasó a Hannah, sino también en lo que le pasó a su marido Thomas y a los otros ocho hijos restantes. Incluso llegó a escribir sobre las abrumadoras emociones que probablemente sintieron en esos terribles momentos.

Mather detalla que Thomas cabalgó rápido para alcanzar a sus hijos que huían después de que fuera obligado a abandonar a su esposa y a su recién nacida, un momento que probablemente nunca olvidará. Rápidamente los alcanzó, pero en este punto, un caballo no habría hecho ningún bien; había demasiados niños para llevarlos a la vez. Thomas, en un estado de shock y en una agonía de afectos paternales, se decidió a quedarse con todos y morir con ellos si era necesario. Fueron perseguidos por los Abenaki, pero por suerte, él estaba armado. La escena está perfectamente descrita por Mather: "...pero él se mantuvo valientemente al margen de su *pequeño ejército* de niños desarmados, mientras marchaban al ritmo de un niño de cinco años..." Milagrosamente llegaron a la guarnición, que estaba a solo unas pocas millas de su casa.

Las acciones de Thomas fueron heroicas y no deben ser olvidadas. Podría haberse salvado fácilmente a sí mismo y a uno o dos de sus hijos, pero su amor por todos ellos lo mantuvo a su lado. A pesar de ser perseguido por hombres de Abenaki que probablemente eran más rápidos y aptos que él, por no hablar de sus hijos, se las arregló para mantenerlos a todos a salvo, poniendo su propia vida en juego en el proceso.

La escritura de Cotton Mather ayudó a capturar la urgencia que debe haber sentido todo ese día. Gente que se apresuraba a ir y venir, algunos con la intención de hacer daño y otros tratando de salvar el pellejo para otro día. Todo habría sido confuso y agitado para la gente en el normalmente tranquilo pueblo de Haverhill con todos tratando desesperadamente de llegar a un lugar seguro. Mientras corrían con su familia y amigos, solo podían ver con horror cómo los mataban, uno por uno.

Al final de todo, con mucha gente en estado de shock y otros llorando al lado de padres, madres, amigos e hijos muertos, el total de esos muertos llegó a 27, de los cuales 15 eran niños. Yacían muertos en el suelo, con frío después de haber hecho su viaje para encontrarse con su creador hace solo unos momentos. Pero la tortura acababa de empezar para Hannah Duston.

Capítulo 4 - La hora cero de Hannah

Su cabeza no habría sido difícil de romper. Solo tenía una semana de edad, así que esto significaba que todavía estaba suave y se asentaba en su forma natural. Un buen golpe probablemente habría hecho el trabajo y terminado con el incesante llanto. Imagine el horror y la desesperación desgarradora que Hannah debió sentir en ese momento, los llantos que tuvo que aguantar para evitar el mismo destino que su hija. Martha, una niña indefensa que no entendía nada de lo que la rodeaba, fue arrancada de los brazos de su niñera Mary por un joven Abenaki, y con un rápido movimiento, le golpeó brutalmente la cabeza contra un manzano, poniendo fin a su breve existencia en el mundo. Y todo por el crimen de llorar. Sin duda este debe haber sido uno de los principales factores de motivación para la salvaje venganza que Hannah tomaría después.

En total, había trece cautivos. Una vez que todos los Abenaki se hubieran reunido, habrían empezado su precipitado viaje de vuelta a casa. Para superar cualquier grupo de milicia que intentara reclamar a su gente, tendrían que moverse muy rápidamente. Cualquiera que no pudiera seguir el ritmo sería llevado a un lado y asesinado en ese mismo momento con un hacha de guerra directamente en la parte posterior de la cabeza. Sin alboroto, solo una muerte rápida causada por un rápido movimiento ascendente y descendente.

La voluntad de vivir en los que sobrevivieron al viaje debe haber sido muy fuerte. La propia Hannah aún se estaba recuperando de un parto con problemas de salud y ahora tenía que vivir con el shock de presenciar el asesinato de su hija que acababa de traer al mundo. Cada paso lejos del cuerpo de su hija habría sido doloroso, su dolor hirviendo justo bajo la superficie del entumecimiento seguido por el shock.

La carnicería dejada atrás en la estela de los Abenakis habría sido un revés para el estómago. Edificios en llamas, hombres, mujeres y niños muertos esparcidos por la tierra, y luego, además, había una fila de muertos que marcaban un camino después del grupo en retirada. El shock, el miedo y el cansancio serían las únicas miradas que nublarían los rostros de sus nuevos cautivos. Tal vez los cautivos se torturaron a sí mismos preguntándose cuál de sus familiares y amigos sobrevivió al ataque, pensando en la brutalidad que había tenido lugar delante de sus propios ojos. O tal vez se endurecieron, preparándose para lo que vendría después. Uno se pregunta cómo se las arreglaron para seguir adelante después de soportar tal evento, con el olor de la muerte envolviendo sus cuerpos exhaustos.

Cubrieron unas doce millas (19km) el primer día. Los dolores y molestias que sus cuerpos habrían sentido después de ser llevados al límite, tanto emocional como físicamente, habrían sido suficientes para cansar a una persona durante días. Sin embargo, día tras día, perseveraron y continuaron. Durante dos semanas, viajaron cada vez más lejos de su hogar. Cada día debe haber aplastado una pequeña parte de la esperanza de las mujeres de que alguna vez volverían a casa, ya que se dieron cuenta de que la milicia no las encontraría. Por supuesto, siempre había una pequeña posibilidad de que pidieran un rescate por dinero, que es lo que pasó con Hannah Heath Bradley, otra mujer que fue capturada durante el ataque a Haverhill.

A Hannah y Mary, después de viajar todo ese camino, se les dijo que una vez que llegaran a su destino, serían despojadas, azotadas y forzadas a la carrera de baquetas a través de todo un ejército de Abenaki. Esto puso un plazo muy ajustado en sus planes de escape. Si se acercaban más a su destino, no podrían escapar de las garras de los Abenaki y los franceses. La fuerza combinada y los cientos de ojos vigilantes harían casi imposible la fuga. Sin embargo, con el grupo original de nativos americanos diversificándose y tomando diferentes caminos, tenían una mejor oportunidad de dominar y maniobrar la compañía con la que se quedaban. Hannah y Mary se vieron obligadas a separarse de los otros cautivos, y su pequeño grupo se reunió con otro grupo de nativos americanos. Ahora solo había unas pocas mujeres, unos pocos niños, un anciano y un hombre más joven en su grupo. Finalmente había llegado el momento de la acción.

Este pequeño grupo incluía a un chico llamado Samuel Lennardson, un joven de catorce años que había sido capturado aproximadamente un año y medio antes de la incursión en Haverhill y que resultaría ser una parte instrumental de su plan de escape. Tenía la confianza de los Abenaki con los que viajaban; después de todo, había pasado mucho tiempo con ellos aprendiendo las diversas costumbres de su tribu, su cultura y todas sus tradiciones. Samuel habría sido considerado uno de ellos, y posiblemente habría sido el reemplazo de un niño Abenaki que había muerto anteriormente. Sin embargo, incluso después del tiempo que pasó con ellos, simpatizó con Hannah y Mary. Tal vez le recordaban a la familia que solía tener, o tal vez Samuel no sentía un verdadero afecto por las personas que lo habían secuestrado y robado su futuro. Cualquiera que fuera el verdadero razonamiento detrás de sus motivos, apoyó el plan de Hannah y Mary y les proporcionó información sobre el uso adecuado de un hacha de guerra y la mejor manera de matar a una persona con un golpe mortal.

Fue el 29 o 30 de abril cuando el grupo llegó a una isla en el río Merrimack, que también estaba cerca de la desembocadura del río Contoocook. Era el lugar perfecto para su plan. La isla impedía que los Abenaki escaparan rápidamente a pie y evitaría que cualquier ayuda que estuviera cerca llegara a tiempo, y el río resultaría ser la ruta perfecta para que pudieran volver a casa. A pie era más probable que los atraparan de nuevo, pero con el río, tenían más posibilidades porque el río estaba a su favor y no en su contra. Su gran ventaja ayudaría a disuadir a los Abenaki de ir tras ellos.

La gente, durante años y años, ha especulado sobre cuáles fueron los verdaderos motivos que llevaron a estos tres a participar en esta horrible masacre. Entender los pensamientos que debieron circular por las mentes de Hannah, Mary y Samuel en las últimas horas antes de que mataran a los Abenaki es todavía una fuente importante de interés para los estudiosos. ¿En qué otros planes pensaron antes de decidirse a asesinar no solo a hombres sino también a mujeres y niños? ¿Cómo decidieron a quién perdonarían o quién mataría a qué persona? ¿Dudaron en el acto o siguieron matando sin pensar? ¿Fueron atormentados por lo que habían hecho durante el resto de sus vidas, o solo les pareció un suceso de la vida y nada más? Algunas de estas preguntas tienen respuestas, pero el resto puede que nunca lo sepamos. Sin duda, se seguirá especulando sobre ello más allá del presente.

Capítulo 5 - La masacre del río Merrimack

La noche había caído. Los doce Abenaki yacían en el suelo, profundamente dormidos bajo las estrellas sin ninguna preocupación flotando en su cabeza. Había pasado suficiente tiempo como para pensar que estaban a salvo de ser descubiertos por cualquier grupo de milicia que intentara seguirles la pista. A ellos les habría parecido una redada exitosa, pero el momento de su juicio a manos de Hannah, Mary y Samuel estaba a punto de llegar.

Hannah respiró temblorosamente, con un hacha de guerra en la mano, mientras se posicionaba sobre el hombre más fuerte y joven, el mismo que había golpeado brutalmente la cabeza de su bebé contra el manzano después de la incursión. Esto fue un golpe de suerte o una prueba de Dios de seguir viajando con él. Era como el montaje de una historia perfecta de venganza.

Samuel estaba de pie sobre el hombre mayor que quedaba en el grupo, con el brazo levantado y listo para atacar. Este era el mismo hombre al que le había preguntado cómo matar fácilmente a alguien con un hacha de guerra. Poco sabía su mentor que iba a ser una de sus primeras víctimas. Este hombre era el supuesto maestro y guía de Samuel, el hombre que le enseñó nuevas habilidades y los caminos de su tribu, el hombre al que podía acudir con preguntas sobre el mundo. Sin embargo, sus propias palabras y lecciones le habían condenado.

Se suponía que Mary debía comenzar con la mujer de aspecto más fuerte, pero ya fuera por los nervios o por darse cuenta de que estaba a punto de matar a otro ser humano y que tendría que vivir con este peso sobre sus hombros por el resto de su vida, no pudo seguir adelante con su parte. Esto no importó al final, puesto que Hannah compensó con creces la falta de acción por parte de Mary.

Sucedió en un abrir y cerrar de ojos. Rápida y silenciosamente, Hannah y Samuel abatieron sus hachas sobre sus primeros objetivos. Sus cráneos se rompieron, su sangre rezumaba y se mezclaba con la suciedad. Para Hannah y Samuel, debe haberse sentido como un momento solitario de liberación por toda la ira reprimida por lo que les había sucedido. La venganza estaba finalmente siendo tomada.

Sin embargo, Hannah fue la única que siguió avanzando. Continuó, balanceando el hacha de guerra una y otra vez hasta que mató a nueve de los Abenaki dormidos. Habría sido un panorama ruidoso y sangriento. Es incluso posible que otros se hubieran despertado con el ruido de las fracturas de los cráneos. Habrían sido arrancados de su sueño, mirando alrededor en un aturdimiento, y luego al darse cuenta de lo que estaba pasando, miradas de puro horror habrían enmascarado su cara antes de que el hacha de guerra se volviera contra ellos y no pudieran ver más. Tal vez uno de ellos incluso logró gritar antes del final, pero no habría importado. Jóvenes o viejos, su boleto de ida a la otra vida ya estaba comprado y pagado.

Tal vez el pensamiento de su niña, su cuerpo ensangrentado yaciendo junto a ese árbol, es lo que impulsó a Hannah a seguir adelante. Para matar a seis niños. Tal vez fue su idea de un comercio justo para los 27 hombres, mujeres y niños asesinados en Haverhill. O quizás fue una retribución por que los Abenaki quemaran sus casas y se aprovecharan del progreso de los colonos en su pueblo. Sin importar la combinación de motivos, habría sido una escena muy aterradora, que no dejaría fácilmente a los otros dos sin pesadillas durante semanas por lo que habían presenciado.

Originalmente, habían apartado a un joven Abenaki para que les sirviera como rehén, pero durante la masacre, se despertó, quizás debido al fuerte ruido de su familia y amigos que murieron mientras dormían, y se las arregló para escapar y ponerse a salvo. Sin embargo, no fue el único superviviente; otra mujer también logró escapar, aunque estaba gravemente herida.

Pero Hannah, Mary y Samuel no pudieron retrasarse después de haber matado a los diez Abenaki, así que tuvieron que abandonar cualquier idea que pudieran haber tenido de cazar al joven y a la mujer. En su lugar, encontraron su propio camino hacia una canoa y emprendieron su regreso a casa por el río.

Este debió ser el primer momento de alivio que sintieron en todo su tiempo durante la captura. ¿Se sentaron todos juntos en la canoa y dejaron que el silencio los envolviera? ¿Tenían en sus mentes las imágenes de lo que acababan de hacer, reproduciéndose una y otra vez como un disco rayado? Ya sea que pensaran en el futuro o en el pasado, no hay duda de que debieron sentir algún tipo de alivio de la preocupación de cómo hubiera sido su futuro con los indios.

Mientras viajaban por el río, uno de ellos debió darse cuenta de lo inverosímil de la historia que tendrían que contar a todos cuando llegaran a casa. Todo lo que les había sucedido, y lo que hicieron a cambio, no sonaría tan creíble para sus amigos y familias. Así que, incluso después de probar la nueva libertad, se dieron la vuelta. Volvieron a la isla, y Hannah arrancó el cuero cabelludo de los diez Abenaki como prueba, sus manos se mancharon aún más con la sangre de ellos. De esta manera, su historia salvaje podía ser probada mediante las cabelleras que ella recogió. Sin embargo, esta no fue la única razón por la que volvieron a por ellas, ya que también se les podía pagar una multa por cada cabellera que recogieran y fueran entregadas a las autoridades. Para Hannah, no debe haber sido una decisión difícil de tomar después de haberlos matado.

Con el cuero cabelludo en la mano, se dirigieron de nuevo a la canoa y una vez más comenzaron a remar a casa a través del río. Cada brazada que hicieron, y cada segundo que pasó, probablemente les permitió respirar más fácilmente.

En la historia, muchos eventos se desarrollaron porque la gente tenía la mentalidad de "ojo por ojo". Ser un nativo americano o un colono en esa época habría sido un trabajo muy duro y cansado. Los peligros a los que ambos se enfrentaban habrían sido diferentes a los que la gente atraviesa hoy en día, y así, lo que se consideraba juego limpio también habría sido muy diferente. Además, la gente de hoy no puede ir por ahí atacando a otros que han hecho un daño similar en su contra, ya que hay leyes y autoridades que se ocupan de esas cuestiones. En la época de Hannah, esos lujos no se permitían tan fácilmente. Una vez que ella y Mary fueron tomadas, estaban solas. Aunque la milicia trató de buscarlas, habría sido muy difícil seguir el ritmo de los jóvenes aptos que conocían las tierras mucho mejor que ellos. Para sobrevivir, Hannah y Mary tuvieron que confiar en sus habilidades. Eran las únicas autoridades a las que podían acudir en tal situación, la última línea de defensa en la lucha por sus propias vidas. Podrían haber vacilado en su perseverancia y luego haber muerto solas en el bosque, o podrían haber luchado y encontrado su camino para salir del lío. Por suerte para ellas, eran luchadoras.

Capítulo 6 - La reflexión final de Hannah

¿Podría ser que Hannah Duston fuera considerada una heroína en su época porque pudo vengarse de la forma en que lo hizo cuando otros no pudieron? ¿Vivieron otras personas indirectamente a través de su experiencia y sintieron una especie de alivio por lo que ella pudo lograr? Los colonos la elogiaron por lo que hizo, e incluso años después, todavía se la consideraba una heroína. ¿Pero se sintió ella misma como una heroína? En una carta escrita a los Ancianos de la Segunda Iglesia en Haverhill en 1724, Hannah reflexionó sobre las luchas que enfrentó al contemplar lo que le había sucedido:

> Deseo estar agradecida de haber nacido en una
> Tierra de Luz y Bautizada cuando era joven; y
> tuve una buena educación por parte de mi padre, que tomé
> pero poco me percaté de ello en el momento en que pasó; -Yo estoy
> Agradecida por mi cautiverio, fue el más confortable
> tiempo que he tenido; en mi aflicción Dios hizo
> su Palabra confortable para mí. Recordé el 43d

ps.ult-- y esas palabras vinieron a mi mente--
salmo 118.17... he tenido un gran deseo de venir a la Ordenanza de la Cena del Señor un gran rato
pero temiendo que yo debería ofender y temiendo mi
propia indignidad me ha mantenido alejada; leyendo un
libro sobre el sufrimiento despertó mucho
en mí. En el 55 de Isa. Comienzo. Estamos invitados a
venir; --Oyendo al Sr. Moody predicar de vosotros 3d de
Mal. Los tres últimos versos me pusieron en consideración.
El onceavo de Mateo me ha animado a mí, Yo
he estado resolviendo ofrecer mi ser de vez en cuando
desde el asentamiento del presente
Ministerio; fui despertada por el primer Sacramento 'l
Sermón (Lucas 14.17) Pero los retrasos y los temores
me ha convencido. Pero no quiero retrasar
más tiempo, siendo razonable que es mi deber, deseo que
La iglesia me recibirá en la hora undécima;
y ore por mí... para que pueda honrar a Dios y obtener
la salvación de mi alma.

Parece que el tiempo que Hannah pasó en cautiverio la llevó a tener algunas reflexiones serias sobre su vida. Ya sea que estas ideas se manifestaran durante su cautiverio o años después, estos pensamientos la llevaron a acercarse más a Dios y a dejar crecer su fe. Si los versos que eligió son una indicación, tenía dudas sobre su forma de vida y quería cambiarla. La línea "...el temor a mi propia indignidad me ha mantenido alejada; la lectura de un libro sobre el sufrimiento me despertó mucho" muestra que ella podría haberse sentido indigna a los ojos de Dios por los pecados que cometió ese día; tal vez sintió que no se le debía permitir entrar en una casa de Dios para rezar con otros que no habían cometido los pecados que ella cometió.

El salmo que menciona en la carta, Salmo 118:17, dice: "No moriré, sino que viviré, y declararé las obras del Señor". Este es el versículo que le dio consuelo en su tiempo de captura, pero directamente después de compartir esto, dice que se sintió indigna de venir a la cena del Señor. Luego menciona el comienzo de Isaías 55.

> Venid a las aguas todos los sedientos, y el que no tenga dinero, venid a comprar y a comer; sí, venid a comprar vino y leche sin dinero y sin precio. ¿Por qué gastáis el dinero en lo que no es pan? ¿Y vuestro trabajo en lo que no satisface? Escuchadme atentamente y comed lo que es bueno, y dejad que vuestra alma se deleite en la gordura. Inclinad vuestro oído y venid a mí; oíd, y vivirá vuestra alma; y haré con vosotros un pacto eterno, las seguras misericordias de David.

Este versículo muestra que el Señor llama a todos a venir a él y escuchar para que puedan vivir. Leyendo esto, Hannah podría haber sentido una sensación de alivio al darse cuenta de que todo tipo de personas son bienvenidas a la mesa de Dios y pueden ser perdonadas. Como era alguien que rompió uno de los Diez Mandamientos varias veces, debe haber sido difícil para ella tratar de pasar por encima de lo que se hizo y ver que el perdón podría ser posible. Esos versos podrían haberla motivado a reconciliar sus pecados, incluyendo todo lo que le había hecho a los Abenaki y todos los demás pecados que había cometido hasta ese momento. Inmediatamente, ella traslada sus pensamientos a Malaquías 3:

> Entonces los que temían al señor se hablaron unos a otros, y el señor prestó atención y escuchó, y fue escrito delante de él un libro memorial para los que temen al señor y para los que estiman su nombre. Y ellos serán míos--dice el señor de los ejércitos-- el día en que yo prepare mi tesoro especial, y los perdonaré como un hombre perdona al hijo que le sirve. Entonces volveréis a distinguir entre el justo y el impío, entre el que sirve a dios y el que no le sirve.

Darse cuenta de la destrucción que le esperaba a los "malvados" que no "sirven al Señor" muestra que Hannah estaba muy preocupada por lo que podría enfrentar después de la muerte debido a sus muchos pecados. Con el consuelo que encontró en Mateo 11, el mensaje para que abrazara el llamado de Dios en Isaías, y sus pensamientos de ofrecerse al Señor, es posible que hubiera un deseo dentro de ella de convertirse en discípula de Jesucristo. Esto significaría que sería perdonada de todos sus pecados del pasado, del presente y de los que aún no se hubieran cumplido. El último versículo que menciona es un sermón en Lucas 14:17, "Y envió a su criado a la hora de la cena a decir a los invitados: Venid, porque ya está todo preparado". Esto podría haber sido el catalizador final para que ella buscara el perdón y se arrepintiera de sus pecados. Estaba lista para dar ese último paso, para ser acogida en los brazos misericordiosos de su Señor y despojarse de las imágenes inquietantes de su pasado.

Aunque Hannah pudo haber sido venerada como una heroína en su época, así como muchas décadas después, parece que trató de buscar el perdón por sus acciones y quiso morir sin una conciencia llena de culpa por lo que había cometido.

Capítulo 7 - Memorias de Hannah Duston

El primer monumento que se construyó para conmemorar las acciones de Hannah comenzó en 1852 en Haverhill, una época en la que la construcción de monumentos era todavía un hecho poco frecuente. Se suponía que estaba hecho de una columna de mármol que habría costado unos 1.350 dólares. En 1861, el dinero había sido recaudado y la construcción comenzó, y para junio de ese año, la estatua fue colocada en el lugar de su captura. Sin embargo, la estatua nunca fue pagada en su totalidad, por lo que, después de una batalla legal, fue retirada en agosto de 1865.

En 1874, se erigió otra estatua hecha en memoria de Hannah. Fue hecha por William Andrews, que vino de Lowell, Massachusetts. Esta se conocería como la primera estatua de Hannah, la primera mujer americana en ser honrada con una estatua. Se encuentra en una isla en Boscawen, New Hampshire, la misma isla donde ella, Samuel y Mary mataron a sus captores. Este debe haber parecido un lugar apropiado para aquellos que estuvieron involucrados en el proceso de construir y erigir la estatua. Recordaría para siempre lo que pasó ese día y nunca dejaría a nadie olvidarlo. Incluso hoy en día, la gente puede ver donde una mujer ordinaria se convirtió en una figura extraordinaria y controvertida en la historia.

La segunda estatua que se construyó con éxito se erigió en 1879 en la plaza del pueblo de Haverhill. Se encuentra en el lugar de la Iglesia Congregacional del Centro de Haverhill, la misma iglesia a la que Hannah escribió su carta de confesión en 1724. La estatua fue hecha por Calvin H. Weeks y representa a Hannah sosteniendo un hacha de guerra y usando solo un zapato. Esta estatua se ve a menudo junto a artículos de Hannah, ya que se escribieron muchas historias sobre su captura. No podría haber una imagen más adecuada para añadir a este tipo de artículos.

En 1902 se dedicaron dos monumentos en honor a Hannah. El primero fue una piedra de molino que se colocó para marcar el lugar a lo largo del río Merrimack donde Hannah, Samuel y Mary desembarcaron en su canoa camino a Haverhill. El segundo monumento se colocó en el lugar de la casa de John Lovewell para marcar uno de los lugares donde se alojaron cuando regresaron al pueblo.

En 1908, el quinto monumento a Hannah fue creado cuando se grabó una inscripción en una gran roca en honor a Hannah y Mary. Se colocó en Haverhill en el sitio de la casa de Jonathan, el hijo de Hannah, donde ella pasó sus últimos años antes de morir. Podría preguntarse si Hannah alguna vez contó sus historias de dolor a su familia. ¿Se habrían rodeado alrededor de sus pies esperando ansiosamente escuchar todos y cada uno de los detalles? ¿Habrían quedado cautivados por la sangría? ¿Les habría emocionado la muerte de los Abenaki? ¿Habrían querido escuchar cómo les arrancó la cabellera? ¿Incluso a los niños?

No es muy difícil imaginar que esto haya sucedido. Los ingleses eran hostiles a los franceses y a ciertas tribus nativas americanas. A su vez, esas tribus de nativos americanos eran hostiles a los franceses y a los ingleses. Historias como esta habrían sido esperadas con impaciencia por hijos y nietos por igual. Sus mentes se enloquecerían con las imágenes que escuchaban e influirían en sus propias historias imaginativas que luego inventarían al jugar.

Hannah podría haberse sentado en una silla con sus nietos mirándola desde sus pies. Empezaría explicando la precaria y tensa situación que se apoderó del país en su época, hablando de la guerra del Rey Felipe y luego de la guerra del Rey Guillermo para crearles tensión. Luego pasaba a la incursión en Haverhill, manteniéndolos alerta al relatar sus sentimientos de dolor y miedo en los momentos previos a que los "indios salvajes" irrumpieran y la sacaran de su cama, el duro maltrato hacia ella y sus compañeros de cautiverio, su inocente criatura siendo golpeada contra un árbol, sus compañeros de cautiverio siendo eliminados uno por uno si no podían seguir el rápido ritmo de los Abenaki. Continuó contándoles las burlas y amenazas que recibió junto con Mary, el encuentro con el joven Samuel y su plan de escape.

Los chicos que escuchaban su historia se aferraban a cada una de sus palabras y la incitaban a continuar. Las niñas sentirían la emoción de las palabras de Hannah, pero podrían haber girado la cabeza conmocionadas o haberse cubierto los ojos como si eso evitara que las imágenes se reprodujeran en sus cabezas. Hannah terminaría la historia con la venta de las cabelleras y explicaría su segunda oportunidad en la vida. Probablemente agradecería al Señor y explicaría cómo la experiencia había fortalecido su devoción y fe en Dios. Los chicos probablemente la habrían molestado para que les contara más detalles antes de salir a jugar una versión muy similar de su historia, siendo los menos populares los Abenaki y los otros los cautivos.

Aunque no se sabe mucho sobre Hannah después de este importante acontecimiento en su vida - ciertamente no hay muchos relatos escritos por su parte - se sabe que ella, Mary y Samuel recibieron cada uno cincuenta libras por la Asamblea General de Massachusetts. Hannah también fue premiada con otra suma por el Gobernador de Maryland, Francis Nicholson. Después de su regreso a casa, Hannah dio a luz a otra hija, Lydia, en octubre de 1698.

Samuel, el joven que ayudó en la fuga, se trasladó a Connecticut, donde vivió hasta su muerte en mayo de 1718, y Mary murió en Haverhill en octubre de 1722. La propia Hannah vivió más tiempo, muriendo finalmente en Haverhill entre los años 1736 y 1738.

Solo unos días después de que Hannah regresara a casa, se fue a Boston y le contó su historia a Samuel Sewall y Cotton Mather. Desafortunadamente, Mather inmortalizaría sus acciones como actos heroicos que la mostraban como una santa puritana. Los escritos de Mather ayudan a la gente de hoy a entender la opinión general de los nativos americanos de esa época. Era un relato muy sesgado, pero sin sus detalles sobre el evento, la historia de Hannah Duston podría haberse perdido en el tiempo.

Aunque el tiempo ha pasado factura a las estatuas de Hannah, siguen siendo hermosas. Son el recuerdo perfecto de un pasado que tiene más matices de los que la gente de hoy puede imaginar. Su historia marca una época que la mayoría de la gente de hoy no puede ni siquiera empezar a comprender. Las luchas, preocupaciones, pensamientos y comportamientos aceptados y esperados que ella enfrentó son muy diferentes a los de hoy. Es simplemente desafortunado que ninguna de las estatuas se construyera en su época. Causó un gran impacto en los que la rodeaban, tanto que se convirtió en la primera mujer en Norteamérica en tener una estatua de sí misma. Esto no es una hazaña pequeña. Independientemente de que la gente hoy en día concuerde con lo que hizo o no, tienen que admitir que hizo historia a su manera y dio un ejemplo para las futuras mujeres.

Capítulo 8 - El lado oscuro de Hannah

Hoy en día, hay muchos puntos de vista opuestos sobre la historia de Hannah Duston. Algunos argumentan a favor de sus acciones y la ven como un símbolo de heroísmo, mientras que otros ven sus acciones como bárbaras y crueles. Creen que lo que hizo posiblemente estuviera cerca de la locura o la sociopatía. Ambos puntos de vista tienen sus errores, pero también tienen sus verdades subyacentes.

Hannah no solo pudo salirse con la suya en el asesinato de los nativos americanos, sino que incluso fue celebrada por ello. Una de las razones por las que su vida y los eventos que tuvieron lugar fueron alabados y hablados de tal manera fue porque era una mujer. Si un hombre hubiera hecho esto, lo más probable es que ni siquiera se colocaría en los libros de historia de hoy, y sería aún más improbable que hubiera muchas estatuas suyas erigidas a lo largo de la ruta de su viaje. Esta historia se convirtió en una sensación precisamente porque fue una mujer la que tomó la iniciativa de formular un plan de escape que implicaba una forma muy brutal de asesinato. En la sociedad puritana, se esperaba que las mujeres no se comportaran de esa manera. Debían ser dóciles, pacientes y amables. Su trabajo requería que cuidaran a los niños, no que los mataran mientras dormían.

Esto también ocurrió en la época en que las mujeres eran perseguidas por ser brujas. Es interesante ver la diferencia de valor que los colonos concedieron a su propio pueblo, que fueron las supuestas víctimas de la brujería, en comparación con los nativos americanos. Hannah, rompiendo el molde de la mujer ideal, asesinó a muchos, pero fue capaz de ser completamente absuelta de cualquier maldad. En áreas no muy lejos de donde ella vivía, las vidas de otras mujeres eran torturadas innecesariamente por acciones que ni siquiera pensaban en hacer.

Mientras que Hannah podía ser vista como una mujer con agallas para hacer las cosas y ser considerada como una verdadera sobreviviente de la dura vida salvaje norteamericana, no es suficiente con dejarlo así. Todo su carácter debe ser considerado cuando se miran las acusaciones de que es bárbara y cruel.

Ser madre en su época fue difícil. Formar vínculos con los niños a una edad temprana no era realmente una buena idea. Muchos niños no vivieron más allá de sus años de infancia, y aún peor no pasaron de su infancia. El mundo y toda la vida parecía luchar contra la supervivencia de los jóvenes de su tiempo. Cada respiración era una bendición, y la siguiente nunca estaba garantizada. Esto plantea la pregunta de si realmente tenía un apego tan fuerte a Martha como para embarcarse en una matanza. ¿Estaba realmente motivada por la muerte de su bebé? ¿O tendría que haber ocurrido algo más para encender el fuego y moverla hacia esas acciones?

Hannah definitivamente se apenó por su hija, y lo más probable es que se le ocurriera la idea de que su familia estaba muerta en Haverhill. Fue un ataque rápido y efectivo que tomó a muchos desprevenidos, así que pensar que su familia estaba muerta no sería una conexión improbable. Reunir a ocho niños para escapar de una redada no sería un esfuerzo rápido; sería más bien como el lento paso de un caracol.

Pero esto no era una ocurrencia inusual en su mundo en el que la gente muriera repentinamente, especialmente los niños pequeños. Enfermedades como la viruela, el paludismo, la disentería, la fiebre amarilla, la difteria, la escarlatina, la gripe, la neumonía, la pleuresía, los resfriados, la tos ferina, las paperas, el sarampión, el tifus, la fiebre tifoidea y otros tipos de enfermedades desafortunadas contribuyeron a un número muy elevado de muertes. También hubo hambre, guerras e incursiones, animales salvajes, plantas venenosas, heridas y más para incluir en la larga lista de cosas que podían matar a alguien en aquel entonces.

Es difícil encontrar información sobre la tasa de mortalidad de los lactantes en el siglo XVII, pero en 1800, la tasa de mortalidad infantil antes de los 5 años era del 46,3%. Esto disminuyó gradualmente hasta llegar a un porcentaje del 0,66% en 2017. Se puede calcular fácilmente que la tasa de mortalidad estaba alrededor o incluso por encima del 46,3% a lo largo del 1600, ya que era una época en la que los avances tecnológicos y sanitarios eran bastante precarios. Solo con un corte en la pierna por algo oxidado o contraer la gripe era suficiente para encontrarse al borde de la muerte. El peligro realmente acechaba en cada esquina para aquellos, y siempre parecía atacar en los momentos más inoportunos.

También es importante recordar que hubo muchas peleas por el territorio y la tierra durante la época en que vivió Hannah. Ella y su familia vivían en los límites de la ciudad cerca del territorio nativo americano durante las guerras que involucraban tanto a los franceses, a quienes no les gustaban los ingleses, como a ciertas tribus nativas americanas a las que tampoco les agradaban.

Pero, ¿alguien podría culpar a los nativos americanos por tratar de evitar que los colonos invadieran sus tierras? ¿No podría justificarse la idea de que estos ataques fueron en defensa de sus hogares y familias? No, cuando se piensa de esa manera, Hannah no parece un héroe. Los Abenaki que ella mató, seis de los cuales eran niños que tenían toda la vida por delante, también trataban de sobrevivir en el salvaje ambiente norteamericano, una tierra que había sido suya por mucho más tiempo antes de que los colonos pusieran un pie en el continente. La tierra natal de los Abenaki se extendía originalmente a través de la mayor parte del norte de Nueva Inglaterra, el sur de Quebec y el sur de las Provincias marítimas canadienses. Sin embargo, una vez que los ingleses se asentaron en Nueva Inglaterra y las guerras se hicieron más frecuentes, los Abenaki se retiraron a Quebec, estableciéndose finalmente en Odanak y Wôlinak a principios del siglo XVIII. Los Abenaki tenían el hábito de entrometerse con otras tribus para intentar sobrevivir. Esto también contribuyó a su pérdida de tierras. Eran enemigos de los iroqueses, que eran los aliados establecidos de los ingleses. No habría sido necesario torcer mucho el brazo para que atacaran a los que se habían establecido en lo que una vez fue su tierra y eran amigos de uno de sus principales enemigos.

Capítulo 9 - Candor polémico

En la otra cara de la moneda, se podría justificar que las acciones de Hannah fueron heroicas. Superó una dura situación que había puesto su vida y la de sus amigos en peligro. Promulgó un plan que los salvó a todos y que envió un mensaje a otros posibles asaltantes de que no debían meterse con ellos. Como mínimo, debió haber puesto alguna duda en la mente de los Abenaki. ¿Imaginarían que cada cautivo que tomaron tenía el potencial de derrocarlos y matarlos a todos, incluyendo a sus hijos? ¿Les habría dado miedo o solo les habría hecho enfadar?

Como se puede ver por los muchos relatos detallados tratados en el primer capítulo, hubo un engaño generalizado que vino de los nativos americanos, aunque los ingleses no eran precisamente ángeles. La confianza no podía ser dada fácilmente por Hannah y los otros colonos ingleses. El historial de los franceses y los nativos americanos aludiendo a la paz y luego apuñalándolos por la espalda sucedió con demasiada frecuencia como para contarlo, y la paz nunca duró mucho tiempo. Teniendo esto en cuenta, es más fácil ver que ella pensaba que estaba rodeada de enemigos mientras estaba en cautiverio, incluso si eran mujeres y niños. A los niños Abenaki se les enseñó desde pequeños a usar el hacha de guerra, el cuchillo y el arco largo, y habrían aspirado a formar parte de los guerreros de su tribu. Estos guerreros eran silenciosos, rápidos y podían soportar una larga exposición al frío, el hambre, el dolor y el cansancio sin quejarse. Los propios chicos de Abenaki estaban acostumbrados a los viajes de larga distancia desde muy jóvenes debido a que emigraban por temporadas. En otras palabras, estaban en forma, eran fuertes y sabían cómo matar. Incluso los mitos de Abenaki se centraban en los grandes guerreros. Uno de estos mitos se centraba en los Badigak, o Siete Truenos, que eran un grupo muy poderoso de espíritus de la tormenta que a veces eran representados como hermanos. Se les conocía como guerreros feroces que hacían truenos cuando luchaban. Se decía que la fuente del rayo durante las tormentas provenía de sus ojos, que los disparaban ferozmente durante sus batallas. La mayoría de las veces, se les describía como hombres con alas de pájaro y largo pelo dorado.

El estilo de vida de Hannah no estaba orientado a tales acciones, y se esperaba que fuera una mujer gentil con una mentalidad puritana. Aunque los puritanos no eran ajenos a las penurias y castigos, apenas condicionaban a sus hombres a vivir y respirar como guerreros día tras día. Eran un pueblo que creía en el trabajo duro y que dedicaba mucho de su tiempo a Dios y a mantener sus enseñanzas de que todo el mundo debería vivir conforme a ello.

La disputa en torno a Hannah y a cómo debería ser catalogada salió a la superficie de nuevo en 1997 cuando un pueblo situado al norte de Boston lanzó la idea de nombrar una escuela primaria en su honor. Había una escuela allí anteriormente que había sido nombrada en su honor, pero cerró en algún momento en la década de 1980. El alcalde parecía estar abierto a la idea porque ella era parte de la historia del pueblo. Sin embargo, los locales tenían muchos puntos de vista diferentes sobre esta idea. Algunos parecían estar a la defensiva, otros expresaban un abierto desagrado, pero un hombre, que era el bibliotecario de Haverhill y estaba a cargo de los libros y de la colección de artefactos de Hannah Duston, expresó su opinión de forma muy simple. Dijo algo así como que ella era un producto de su tiempo y que muchas otras mujeres sufrieron la captura, pero fue la primera en luchar contra los nativos americanos que se la llevaron.

Esa es, de lejos, la mejor manera de explicar a Hannah y sus actos, al menos en los términos más simples. Ella fue un producto de su tiempo y ser capaz de juzgarla a ella y a lo que hizo requiere mucho contexto. Mirar una situación desde el exterior puede ser esclarecedor. Permite que los hechos se expongan y se consideren, pero lo que muchas personas en el exterior no se dan cuenta es que la visión desde el interior mirando hacia afuera también tiene mérito. La forma en que la gente vivía en el pasado, las motivaciones de lo que hacían, y las reglas que conformaban sus vidas son muy diferentes de las nuestras hoy en día.

Algunas personas han afirmado que los escritores que siguieron a Hannah y su época tomaron una versión muy romántica de su historia y la hilaron para que encajara en su propia narrativa, con la esperanza de hacerla más aceptable para la gente. Esto fue, por supuesto, cierto para Mather y su obra *Magnalia Christi Americana*. Robert D. Arner tiene un punto válido cuando escribe en *La historia de Hannah Duston: Cotton Mather a Thoreau* que "Así interrumpida, transformada y justificada, pasó a manos de escritores de Nueva Inglaterra del siglo XIX, que lentamente, comenzaron a alterar su imagen".

La historia tiene la reputación de ser depurada cuando no debería serlo. La verdad siempre debe ser el centro de atención para que se la mire correctamente. Estas medidas de saneamiento de la historia de Hannah incluían, pero no se limitaban a, no mencionar que mataba niños, no mencionar que el Abenaki que escapó era una mujer herida, o intentar convencer a la población de que ella dejó escapar al niño Abenaki debido a sus instintos maternales.

Hubo muchos escritores que pusieron la pluma en el papel y se lanzaron a escribir sobre Hannah y su historia de desgracias. Algunos de los libros más famosos incluyen *Historia de los Estados Unidos de América (History of the United States of America)* de Charles Goodrich, *Método de Peter Parley y Primer Libro de Historia para*

Niños y Jóvenes (Peter Parley's Method and First Book of History for Children and *Youth)* de Samuel Goodrich, *El Lector Histórico (The Historical Reader)* de John Lauris Blake, *Una Semana en los Ríos Concord y Merrimack (A Week on the Concord and Merrimack Rivers)* de Thoreau, y *La Historia de Haverhill (History of Haverhill)* de Benjamin L. Mirick. Este último relato condena abiertamente las acciones de Hannah. Sin embargo, todos los autores tienen su propio punto de vista sobre el cuento, y escriben sobre la vida de Hannah en sus propios términos. Estas obras son esenciales para añadir a la colección de escritos y obtener una mejor comprensión de Hannah y de la historia de la incursión de Haverhill.

Conclusión

Hannah Duston es reexaminada con un nuevo título junto a su nombre con cada cambio de siglo. Se la coloca en diferentes categorías y se la etiqueta con varios nombres para explicar sus acciones, pero en última instancia, la gente tiene un problema para resolver un juicio final sobre ella. El veredicto acordado para Hannah nunca se ha encontrado y probablemente continuará sin decidirse en los años venideros. Por ahora, está conmemorada en sus muchas estatuas que marcan su viaje de cautiva a asesina. Ella es parte de la historia de este país, y su historia enfoca una luz en los muchos matices de su tiempo.

Hannah se ha convertido en una figura digna de consideración y de importantes debates. Algunos pueden rehuir lo que ella representa, y otros pueden abrazarla de todo corazón; de cualquier manera, ella es un ejemplo del duro mundo en el que vivió, y se convirtió en un recuerdo viviente de lo que podía suceder cuando uno intentaba hacer una vida mejor para su familia y para sí mismo. Era una madre que se lamentó por su hija asesinada, y se vengó cuando muchos no lo hicieron. Fue, sin duda, una heroína para la gente de su época, pero ahora es algo totalmente distinto.

Hay muchas cosas que se pueden decir sobre el carácter de Hannah. Era una mujer de acción, coraje y fe. Era vigilante, de mente fuerte y despiadada. Fue una madre que arriesgó su vida para vengar a su joven e inocente hija Martha. Donde otros se hubieran desmoronado bajo el peso de la responsabilidad, ella no lo hizo. Los momentos que definieron la vida de Hannah han grabado su memoria en los libros de historia, y más de 300 años después, todavía se la recuerda y se habla de ella.

Hannah no debe ser vista como cualquier mujer de su tiempo, sino que debe ser vista como una representación real de una mujer que avanza en la sociedad y se libera de las cadenas de la época que la ataban. Mientras que muchos todavía debaten si lo que hizo fue correcto o incorrecto, moral o inmoral, esto es completamente irrelevante. Ella hizo algo extraordinario y diferente a todo lo que se haya escuchado en su época. Conquistó una situación que debería haber dejado su mente lisiada y su coraje destrozado. Superó las probabilidades y llegó al otro lado alusivo. Esa es la razón por la que aún se habla de ella y se seguirá hablando de ella por el resto del tiempo.

Es desafortunado que, en su época, la escritura no era común entre la población general. Si se hubiera podido, se sabría mucho más sobre todos los intrincados detalles que conformaron el viaje y la captura de esta mujer y de sus compañeros de cautiverio. Los pocos escritos que tenemos provienen de las manos de escritores que cuentan su historia; sin embargo, ella dictó una carta a los ancianos de la Segunda Iglesia en Haverhill una vez. Este es, de lejos, el escrito más personal de todos y uno de los pocos que examina lo que estaba pasando en su cabeza. Así, los juicios de Hannah se mantienen firmemente en las memorias individuales de aquellos que son capaces de tomarse el tiempo para descubrir su verdadera historia. Es importante que se formen opiniones sobre ella, ya que esto abre una discusión más amplia de la historia y las acciones de la gente. Incluso si la gente no está de acuerdo con lo que muchos han hecho en el pasado, siempre hay lecciones que aprender. Estudiar el pasado permite a la gente de hoy tomar esas lecciones y estructurar un futuro donde la gente no repita los mismos errores. Hannah es un excelente ejemplo de alguien de quien se puede aprender. Aunque lo que hizo fue más allá de lo que muchos hoy en día considerarían aceptable, aun así luchó duramente por su vida y no se dejó convertir en otra víctima indefensa.

En todo caso, recuerde que ella tiene mucho que enseñar sobre la capacidad de perseverar en situaciones que habrían sido increíblemente duras y casi imposibles de superar. Recuérdela como un brillante ejemplo de que el pasado fue un tiempo que muchos hoy en día no pueden ni siquiera empezar a comprender o imaginar realmente. Recuerde que Hannah Duston fue una de las mejores villanas heroicas que este país ha visto.

Citas

https://thisdayinusmilhist.wordpress.com/2014/03/15/march-15/
https://www.geni.com/projects/Raid-on-Haverhill-1697/26137
http://www.hawthorneinsalem.org/Literature/NativeAmericans&Blacks/HannahDuston/MMD2097.html
https://en.wikipedia.org/wiki/Hannah_Duston#cite_note-Purvis1-12
https://s3.amazonaws.com/camppictures/CampArchive/Downloads/Hannah%20Duston%20-%201697.pdf
https://web.archive.org/web/20100725225259/http://iws2.collin.edu/lrdavis/Cutter%20on%20Dustan.pdf
https://www.jstor.org/stable/10.5224/masshistrevi.16.1.0001?seq=1#page_scan_tab_contents
https://archive.org/details/historyofhaverhi61chas/page/192
https://web.archive.org/web/20130906013432/http://wprokasy.myweb.uga.edu/Emerson2.htm#6
https://www.geni.com/people/Hannah-Dustin-Indian-Captive/6000000011545411984
https://www.mainememory.net/sitebuilder/site/897/page/1308/print
https://www.u-s-history.com/pages/h840.html
https://www.geni.com/projects/Raid-on-Haverhill-1697/26137
http://www.hawthorneinsalem.org/Literature/NativeAmericans&Blacks/HannahDuston/MMD2169.html#fnKathryn

https://books.google.com/books?id=5PnyCHQz2ooC&vq=Raid%201697&pg=PA198#v=onepage&q&f=true
https://www.britannica.com/biography/Hannah-Emerson-Duston
https://ourworldindata.org/child-mortality
http://www.tullyhistoricalsociety.org/tahs/medical.php#epidemics
https://www.nytimes.com/1997/11/30/us/for-scalper-of-10-indians-new-honor-is-considered.html
https://www.encyclopedia.com/history/united-states-and-canada/us-history/king-williams-war
http://www.cowasuck.org/lifestyle/warrior.cfm
http://www.cowasuck.org/lifestyle.cfm
http://www.native-languages.org/abenaki.htm
http://www.bradleyrymph.com/genealogy_haverhill.pdf
https://www.accessgenealogy.com/native/king-philips-war-indian-wars.htm
http://www.hawthorneinsalem.org/Literature/NativeAmericans&Blacks/HannahDuston/MMD2128.html
http://www.ushistory.org/us/3d.asp
http://nationalhumanitiescenter.org/tserve/eighteen/ekeyinfo/erelwom.htm
https://accessgenealogy.com/maine/king-williams-war-indian-wars.htm
https://www.encyclopedia.com/history/united-states-and-canada/us-history/king-williams-war
https://www.hhhistory.com/2014/03/cocheco-massacre-1689.html
https://en.wikipedia.org/wiki/Raid_on_Dover
https://babel.hathitrust.org/cgi/pt?id=loc.ark:/13960/t89g69b8z&view=1up&seq=11
http://www.falmouthmehistory.org/history
https://www.mainememory.net/sitebuilder/site/897/page/1308/display?page=3
https://www.mainememory.net/pdf_files/Portland_Maps.pdf
https://courses.lumenlearning.com/boundless-ushistory/chapter/settling-new-england/

Vea más libros escritos por Captivating History

www.ingramcontent.com/pod-product-compliance
Lightning Source LLC
LaVergne TN
LVHW011859060526
838200LV00054B/4427